रेशमी बन्धन

रेशमी बन्धन

प्रकाशक :
Notion Press Inc.
800, West El Camino Real 180
California, USA 94040

संपादक :
Pranti India
495, Purani Bajar, Bagaura
Siwan, Bihar, INDIA 841404

मुद्रक :
Notion Press Media Pvt Ltd
7, Red Cross Road, Egmore
Chennai, Tamil Nadu, INDIA 600008

प्रथम संस्करण 2022
पुनः मुद्रण 2023

संपादकीय

प्रिय पाठकों,

प्रान्ति इंडिया की पहली साझा काव्य संग्रह "पितृभक्ति" के प्रकाशन व प्रचलन के बाद "रेशमी बन्धन" पुस्तक आपके सम्मुख प्रस्तुत हैं। इस पुस्तक में रक्षाबंधन विशेषांक पर किसी भाई की बहन न होने एवं किसी बहन का भाई न होने के दर्द भरे भावना व मनोभाव, भाई-बहन की विशेषताओं समेत पवित्र रेशमी बन्धन पर वर्णित मनोविनोद पद्यकाव्य को संकलित किया गया है। 51 भाई-बहन ने अपनी अत्युत्तम रचनाओं से इस साझा काव्य संग्रह को अलंकृत किया हैं। इस संकलन को पढ़कर आप भाई-बहन को स्नेह की डोर में बांधने वाले रक्षाबंधन त्योहार के प्रति व्यक्तिगत दृष्टिकोण से मुखातिब होंगे, जिसका ध्येय भाई-बहन के अटूट प्यार को दर्शाना है। पुस्तक की वास्तविक गुणवत्ता की प्रतिक्रियाएं आप पाठक ही बता पाएंगे, इस संकलन को भी आपका आशीर्वाद मिले, ऐसी आशा हैं!

- प्रान्ति इंडिया

पी.यादव "ओज"
चौकीपाड़ा, झाड़सुगुड़ा (ओडिशा)

पवित्रता का अनूठा संगम-रक्षाबंधन

महासूत्र के पवित्र-महाबंधन को आज,
सहर्ष! मन शत-शत मैं नमन करता हूं।
पखारु अश्रु-गंगा से दिव्य-चरण तेरे।
बहना! तेरी रक्षा का मैं प्रण करता हूं।

कैसे भूलू? तेरे जन्म की उस कहानी
को,
छोड़ा था जब प्राण,उस जननी ने
अपना।
कैसे भूलू?,वतन पे पिता की शहादत
को,
पड़ा था कैसे उन्हें? वो कफन को
ओढ़ना।

तू लावारिस नहीं,खुदा की परवरिश है।
तुझमें ही मेरा सुख का संसार बसता है।
तुझे जहां की बेतहाशा हर खुशी मिले,
दिल मेरा खुदा से ये गुजारिश करता है।

तेरे ख्वाब पूरे हों,मैं यह कसम खाता हूं।
आज तेरी सेवा की,मैं प्रतिज्ञा उठाता हूं।
आजीवन मैं तेरा,दास बनकर ही रहूंगा।
भीष्म-व्रत का आज,मैं संकल्प सुनाता हूं।

रिश्तों की डोर से बंधा है,हमारा बंधन।
पवित्रता का अनूठा संगम है,रक्षाबंधन।
रेशमी-डोर जो,तू मेरी कलाई पर
बांधेगी।
तेरी आशीष की सिद्धि से,तू मुझे
तारेगी।

रक्षाबंधन शुभ महापर्व के शुभ अवसर
पर,
मेरे जीवन भर का,मैं तुझे प्रीत लुटाता
हूं।
तेरे जीवन की हर दुख-पीड़ा प्रभु! मुझे
दे दे।
यही याचना कर, मैं अपना शीश नवाता
हूं।

महासूत्र के पवित्र-महाबंधन को आज,
सहर्ष! मन शत-शत मैं नमन करता हूं।
पखारु अश्रु-गंगा से दिव्य-चरण तेरे।
बहना! तेरी रक्षा का मैं प्रण करता हूं

भोला शरण प्रसाद
गौतम बुद्धनगर (उत्तरप्रदेश)

रक्षा का वचन

सावन पूर्णिमा का दिन है खास,
आता भाई-बहन का त्योहार
गर्भ-गृह का नाता खास,
हर बहन मनाती प्यार भरा राखी का त्योहार
तरस गए राम-कृष्ण भी
बहन का प्यार पाने को
शांता बिछड़ गई बचपन में, राम की कलाई सूनी रही
बहन से राखी बंधवाने को
रक्षा का वचन देकर, भाई शीश झुकाता है
आशीर्वाद से झोली भर दे बहन,
भाई कलाई बढ़ाता है
बहन, नारी एक अनोखी देखी
पहनती कान में बाली
हलुआ-पूड़ी मुझे खिलाती
वो है बहन हमारी
मेरी खुशियों में जो शामिल
मेरे दुःख में जाती हिल-मिल
जिसकी रक्षा का "भोला" दिया वचन
वो है मेरी प्यारी बहन
अटूट प्यार का ये बंधन
जीने की राह दिखाता है
भगवान हर किसी को बहन दे
राखी का त्योहार मनाने को
हर बहन को भाई मिले,
रक्षा का वचन निभाने को।

बाल मुकुन्द द्विवेदी
कंकड़बाग, पटना (बिहार)

बहन की पाती दूर भाई के नाम

बहुत दिनों से यादें आकर मुझको रुला जाती
है,
क्या कभी भी तुमको इस बहना की याद नहीं
आती है?
बचपन में तो बिछड़ना तुमको बर्दास्त नहीं
होता था--
अब ऐसा क्या हुआ कि इस बहना की
याद नहीं सताती है?

बचपन में हम देखते थे जब राखी का
त्यौहार आ जाता,
मामा जी के आने की खबर से घर-आँगन
पूरा सज जाता।
इतराती माताजी खुश हो तरह-तरह के
पकवान पकाती--
और ऐसे मौके पर माँ से बिना माँगे ही
सबकुछ मिल जाता।।

मामा तो सबके मामा थे और सबसे बड़े ही
प्रेम से मिलते,
उनको देखते ही मुरझाये चेहरे भी सुंदर फूल
जैसे खिलते।
सबके दुःख में शामिल हो सबके दुःख बाँट
लिया करते थे--
किसी को काम में जूझता देख उसके साथ
फिर जा भिड़ते।।

अन्याय किसी का देखा न जाता अपना हो या
कोई पराया,
अगर पड़ गया कोई फेर में समझ लो उसका
शामत आया।

सबको भाई का प्यार रहे देते और बंधवाते
सबसे राखी--
उनके रहते किसी बहन पर किसी ने कोई
जुल्म नहीं ढाया।।

आज भैया जो हवा चल रही उससे हमसब
असहाय हो गयी,
आँख मूंदकर आगे बढ़ गयी यदि किसी से
अनहोनी घट गयी।
हम ऐसे लाचार हो गयी अपनी इज्जत बचा
नही पा रही--
अब तो देखकर यही है लगता पहली वाली
दुनियाँ खत्म हो गयी।।

राखी भेज चुकी हूँ मैं और शायद तुमने भी
बांध लिया होगा,
एक प्रार्थना तुमसे है मेरी जिसको तुम्हें
मानना ही होगा।
जहाँ किसी लाचार को देखो समझो बहन है
लाचार तुम्हारी--
चाहे जान पर भले बन आये उसे हर हाल में
बचाना ही होगा।।

नहीं रहा संस्कार पहले-सा और ना रिश्ता
निभाना आता है,
अब तो कामुकता के आगे मानवता
नतमस्तक हो जाता है।
उठना ही होगा तुम जैसों को यदि चाहते
बहनों की रक्षा--
एक से दो होते देखकर पाशविकता भी
भागते नजर आता है।।

ब्रज बिहारी सिंह
राँची, (झारखण्ड)

राखी का त्योहार

गलती हो गयी हो अनजान, ना तुम लेना अपनी आन,
छोटी बहना हूँ नादान, भईया रखना मेरी शान,

आंधी आये या तुफान, चाहे कितनी हो थकान,
बहना थामेगी कमान, भईया ना होना परेशान,

कोई लाख करे बखान, नाहक होते तुम हैरान,
तुम बिन जीवन लगे वीरान, भईया रखना मेरी शान,

जाना भईया जी के पास, दिल में रहती है ये आस,
लायी मीठा और पकवान, भईया रखना मेरी शान,

भईया तुम हो एक सहारा, तुम बिन दूजा न हमारा,
तुम बिन आधी मेरी जान, भईया रखना मेरी शान,

खुशियाँ राखी लेकर आया, झुमकर सावन देखो गाया,
जाओ रूस या जापान, भईया रखना मेरी शान,

डॉ० पवन शर्मा
ढाठरथ, सोनीपत (हरियाणा)

आज राखी का है त्यौहार

आज राखी का है त्यौहार।
खुशियों की आई बहार।
रेशम धागों से बंधा है प्यार ।
भाई बहन का ये है त्यौहार।।

बहन मेरी कलाई पर ।
स्नेह का धागा बांधना ।
मेरी प्यारी रेखा बहना ।
सदा तुझसे यही कहना।।

बहना तेरे स्वाभिमान पर।
कभी आँच न आने दूंगा।
स्नेह की इस डोर के बदले।
सदा तेरी रक्षा करूँगा ।।

पवन भैया का है कहना।
राखी बाँधों मेरी बहना ।
खुश हमेशा तुम रहना ।
भाई को कभी भूल ना जाना।।

मुझसे कभी दूर ना जाना।
हँसता रहें तेरा संसार ।
भाई बहन का ऐसा है प्यार।
आज राखी का है त्यौहार।।

विद्या शंकर अवस्थी पथिक
कानपुर

प्यार की डोर

भाई की कलाई करती शोर
बहना बांधो प्यार की डोर
दो धागों में प्यार बहुत है
जिसका कोई ओर ना छोर
बहना बांधो प्यार की डोर
तुम बिन मेरी सूनी कलाई
बहना तुम्हें बुलाता भाई
हरदम तुमने बांधा धागा
जिससे मेरा भाग्य है जागा
मस्तक भी मेरा है सूना
लगा दो उसमें हल्दी चूना
भाई का प्यार बुलाता तुमको
नैना तरसे देखन को तुमको
अब ना देर लगाओ बहना
भाई लाया तुमको गहना
गहनों का तुम मान भी रखना
भाई का सम्मान भी रखना
भाई तुमको वचन है देता
आशीष सदा बहना से लेता
जीवन भर तेरी करूंगा रक्षा
पूर्ण करूंगा मन की इच्छा
कान्हा समान मैं भाई बनूंगा
द्रौपदी बहन की रक्षा करूंगा
मुझको कंश नहीं बनना है
बहना को दिल में ही रखना है
हो गई पूर्णिमा की है भोर
बहना अब बांधो प्यार की डोर

डॉ० राम शरण सेठ
छटहाँ, मिर्जापुर (उत्तर प्रदेश)

परिवर्तन लाता रक्षाबन्धन

बंधन यह बनता है।
हम सभी के लिए सपना है।।

सपनों से धरातल में बदलता है।
रिश्तो में परिवर्तन लाता है।।

यह अपनी संस्कृति और सभ्यता की
निशानी है।
जो हम सब की जुबानी है।।

पुराणों में भी इसकी चर्चा की गई
है।
यह सब रिश्तो में अनमोल धरोहर
है।।

आधुनिक युग में इस रिश्ते पर भी
प्रभाव पड़ा है।
कहीं न कहीं कुछ कमी नजर
आती है।।

हमारे आसपास यह रिश्ते बनते हैं ।
और बहुत समय तक साथ देते हैं।।

युगों-युगों से यह रिश्ता चलती आई
है ।

आगे भी चलती जाएगी ।।

गंगा के निर्मल जल सा पावन।
पवित्र यह रिश्ता है ।।

जो भाई बहन के नाम से जानी
जाती है ।

रंग जाति क्षेत्र संप्रदाय से उपर
इसकी अजब कहानी है।।

जो हम सब के लिए कहीं न कहीं।
अनमोल धरोहर है ।।

हर किसी ने यह मानी है।
हर किसी ने यह जानी है।।

आओ इस पवित्र त्योहार को हम
खुशियों से मना ले।

जन-जन के इस भाग दौड़ भरी
जीवन में इस त्यौहार की महत्ता
समझा दे।।

अच्युत नारायण उमर्जी
कोथरुड (पुणे)

भाई-बहन : रक्षाबन्धन

कुटुंब चार लोगों का होना चाहिए...
घर में एक लड़की, एक लड़का होना चाहिए...
तभी घर पूरा और भरा लगता है...
घर में सन्नाटा नहीं, चहल-पहल रहती हैं...
भाई-बहन की आपसी लड़ाई-झगड़े...
फिर दोनों का एक हो जाना...
बचपन से बड़ा हो जाना....
उनका त्योहारों का मनाना संग संग...
खास कर...
रक्षाबंधन और भैयादूज...
बहन का रूठना, भाई का मनाना...
रूठे हुए बहन को...
मन चाहा तोहफा देकर मनाना...
उनकी यही नोंक-झोंक, छोटे झुठे झगड़े...
यहीं तो हैं जिंदगी के असली मायने।

रामबाबू शर्मा
राजस्थानी, दौसा (राजस्थान)

शरमाती राखी

त्यौहारों की पावन धरती,
आन-बान-शान निराली है।
जय बोलो भारत माता की,
हम सबकों अन्न खिलाती है।।

सावन महीने की पूर्णिमा,
लाती नयनाभिराम बहार।
घर-घर में खुशियों की महिमा,
परमेश्वर लीला अपरम्पार।।

मनभावन खुशियां छा जाती,
जब-जब रक्षाबंधन आती है।
बहना फूली नहीं समाती,
मन में बहुत वो हर्षाती है।।
भाई बहन का अनुपम रिश्ता,
प्यार प्रेम का पवित्र बंधन है।
राखी लेकर बहना आती,
अभिनंदन ही अभिनंदन है।।

बूढ़ी बुआ हमेशा आती,
बड़ी-बड़ी वो राखी लाती।
हाथों में बंध वो शरमाती,
सबके मन को वो जो भाती।।

धागों का यह खाली डोरा,
अपनापन साथ निभाता है।
हर परिस्थिति में भी रक्षा का,
हमें सच्चा पाढ़ पढ़ाता है।।

डॉ. अशोक कुमार वर्मा
नारकोटिक्स कंट्रोल ब्यूरो, हरियाणा

तार तार भाई-बहन का प्यार

रक्षा बंधन एक विश्वास प्रेम और मंगल का धागा है।
यह राखी मात्र रेशम की डोरी नहीं अपितु रिश्तों की दृढ़ता है।
निस्वार्थ प्रेम और संबंधों की परिकाष्ठा है।
सदियों से राखी ने बहन की रक्षा की है।
श्री कृष्ण ने द्रोपदी की लाज बचाई है।
बहन भाई के मात पिता एक हों यह कोई जरूरी नहीं।
हृदय से जुड़े रिश्ते भी सच्चे बहन भाई हैं।
वचन देकर कोई कोई निभाता है रिश्ता।
टूट जाते हैं संबंध जहां सगे बहन भाई हैं।
बहनों ने भाई के लिए सदा किया है त्याग।
करोड़ों की संपत्ति से प्यारा उन्हें भाई है।
बहनों का हिस्सा आज हड़प जाते हैं भाई।
कहते हैं जीवन भर हमने रस्म निभाई।
राखी का रिश्ता आज हो रहा है तार तार।
अब भौतिकवाद की भेंट चढ़ गया भाई बहन का प्यार।

नन्द लाल मणि त्रिपाठी "पीताम्बर"
गोरखपुर (उत्तर प्रदेश)

कच्चे धागे का बंधन

भाई हो कृष्णा जैसा
बहना की चाह राह विश्वासों जैसा
भाई बहन का प्यार कृष्णा सुभद्रा
जैसा।।

बचपन की अठखेली ,ठिठोली
संग साथ जीवन की शक्ति जैसा
बहना की मर्यादा रक्षक सिंह काल
गर्जन जैसा।।

नन्ही परी बाबुल घर अंगना
भाई बड़ा या हो छोटा धूप
छांव में स्वर सम्बल जैसा।।

भाई बहना का रिश्ता जीवन की
सच्चाई का सच्चा रिश्ता माँ बापू की
प्यार परिवेश भाई की संस्कृतियों
जैसा।।

भाई आशा विश्वाश का मान
जीवन के संघर्षों में शत्र शास्त्र
हथियारों जैसा ।।

भाई बहन का प्यार सांस्कार

अक्षय अक्षुण भाई धन्य धान्य
बहना कि अस्मत आभूषण जैसा।।

भाँवो के गागर का सागर भाई
बहना की खुशियां भाई बहना के
सुख दुःख में भाई दुनियां के
मौलिक मूल्यों जैसा।।

कच्चे धागे का बंधन रिश्तो का
अभिमान भाई बहन दुनियां में
दो दामन एक प्राण जैसा।।

भाई की कलाई पे बहना
कच्चे धागे को बांध ,
आश्वस्त जीवन की खुशियाँ उपहारों
जैसा।।

भाई बहन का रिश्ता संकल्पों का
रिश्ता जीवन समाज स्वार्थ से ऊपर
जीवन के आदर्शो जैसा।।

बलदाऊ, कृष्ण ,सुभद्रा जय
जगन्नाथ जग पालक के अविनि
जीवन की मर्यादाओं जैसा।।

डॉ विनीत विधार्थी दर्शन शास्त्री
आंवला बरेली (उत्तर प्रदेश)

कलाई का बंधन

भाई बहन का पावन सम्बंध।
अनुपम अतुलनीय रक्षा बंधन।
इससे बड़ा कोई पर्व नहीं।
इससे बड़ा कोई धर्म नहीं।
प्रेम करुणा का मधुर चन्दन।
सर्वत्र त्राहि त्राहि हो रही है।
प्रेम विहीन जनता रो रही है।
प्रेम के अभाव में होता क्रन्दन।
बहन का प्यार अति पावन।
त्याग जिसका सुन्दर सावन।
जीवन हरियाली का मधुर वन।
जिस घर में बेटी बहन नहीं।
जिस मन में आनन्द चैन नहीं।
वो मन वो भाई करते क्रन्दन।
नीरस वो मन जिसमें प्यार नहीं।
चेतन शून्य वो तन जिसमें संचार नहीं।
जीवन विहीन मरण सम वो तन।
एक बेटी घर को सजा देती है।
बहन भाई को राजा बना देती है।
बहन का प्यार जीवन का कीमती रत्न।
बहन को कुछ नहीं विश्वास चाहिए।
धन नहीं आभूषण नहीं प्यार चाहिए।
आश्वासन मांगता कलाई का यह बंधन।

प्रतिभा त्रिपाठी
बालोद (छत्तीसगढ़)

प्रीत के धागे

अक्षत कुमकुम दीप सुमन से,
थाली आज सजाई हैं
प्रीत के धागे लेकर
बहना रानी आई है॥

भैया के माथे पे टीका,
बहना ने आज सजाया है
लेकर मंगल दीप आरती
प्रभु से विनती लगाई है॥

रक्षाबंधन के पावन दिन पर,
बहना आवाज लगाती है,
आ जा भैया पास मेरे तुम
तेरी कलाई सजाती हूँ॥
भैया मेरा पल पल चमके
ऐसा दीप जलाऊँगी,
माईया के घर आँगन में
चंदा तारें लाऊँगी॥

अक्षत कुमकुम दीप सुमन से,
थाली आज सजाऊँगी
भैया दे दो वचन मुझे
प्रीत की रीत निभाओगें॥

अक्षत कुमकुम दीप सुमन से
थाली आज सजाऊँगी.....

संजय कुमार डोकानिया
अमला टोला, कटिहार (बिहार)

रक्षा सूत्र रक्षा बंधन

प्रमुदित जीवन उल्लास
श्रावण मास श्रावण नक्षत्र
पूर्णिमा तिथि फलदायी
रक्षा सूत्र रक्षा बंधन् ।।
सामाजिक मर्यादा
भावोउदेध्लित
प्रतिष्ठित पराकाष्ठा
रक्षा सूत्र रक्षाबंधन् ।।
देव दानव वृहद
आकर्षण प्रतिकर्षण
आतंकित भयभीत
रक्ष रक्षिती वचनबद्ध
रक्षा सूत्र रक्षा बंधन् ।।
विप्र, देव ,गुरु ,मात पिता
भ्राता ,भगिनी ,गौ, वृक्ष
रक्ष अभिमंत्रित संकल्पित
जल कलश चंदन कुमकुम
अक्षत नारियल सूत्रम्
दीप साक्षी इष्ट प्रधान
रक्षा सूत्र रक्षा बंधन् ।।
गुरु वशिष्ठ कृपा इंद्राणी
मंत्रस्य वचनम् इंद्र

मातृत्व बन्धनम् पति रक्षति
मान दिया, बहना प्यारी
विपदा हो प्रतिकूल
संकट कटे अनुकूल
रक्षा सूत्र रक्षा बंधन ।।
मृदु बेल गठबंधन
साक्षात ढाल,मौत समक्ष
व्रज प्रहार
रक्षा सूत्र रक्षा बंधन ।।

सविता गुप्ता
राँची (झारखंड)

प्यारा सा गठजोड़

सावन में करती बहन, भाई तेरा ध्यान।
बंधन है यह प्रेम का, राखी का यह ज्ञान।

कुमकुम रोली से सजे , बहना का घर बार।
रेशम धागे से जुड़ा, राखी का त्योहार।

माथे पर रोली तिलक, टीका मंगल प्रीत।
प्यारा सा गठजोड़ है, सदियों की है रीत।

धागा है यह प्रेम का , रिश्ते की है डोर।
बहना गाए गीत है, होकर भाव विभोर।

बहना माँग रही उमर , भइया दे उपहार।
आई ख़ुशियों की लहर, अँगना खिला बहार।

सावन में आता सदा, स्नेहिल सा यह पर्व।
भैया पर अपनी सदा, बहना करती गर्व।

रखती है आशीष सर, माँगे लंबी उम्र।
इंतज़ार में बहन भी , वर्षों करती सब्र।

संगीता सिंघल
पूरनपुर पीलीभीत (उत्तर प्रदेश)

पावन रेशम की डोर

अरविन्द सा खिला कमल विनीत सिरमौर
पवित्र सा रिश्ता बांधे पावन रेशम की डोर

बंध के कलाई पे धड़कन से लिपट जाये
भैया के हाथों में सारा प्यार सिमट जाये
आँखों में समाया है जैसे अंज़न का हो कोर
पवित्र....

कच्चे इस धागे में रक्षा का वचन अनमोल
कोई ऐसी तराजू नहीं जो बंधन का करदे तोल
तमस मिटाती है उज़्ज्वला उभरती भोर
पवित्र...

गंगा की धारा सा,यमुना का किनारा है
सांसों से भी ज्यादा भैया हमें प्यारा है
पल भर में छंट जाये गम की घटा घनघोर
पवित्र.....

संस्कृति का द्योतक सभ्यता का रखवाला
रेशम की डोरी में प्रेम की अद्भुत माला
चुरा ना पाये इसे कोई डाकू ना चोर
पवित्र.....

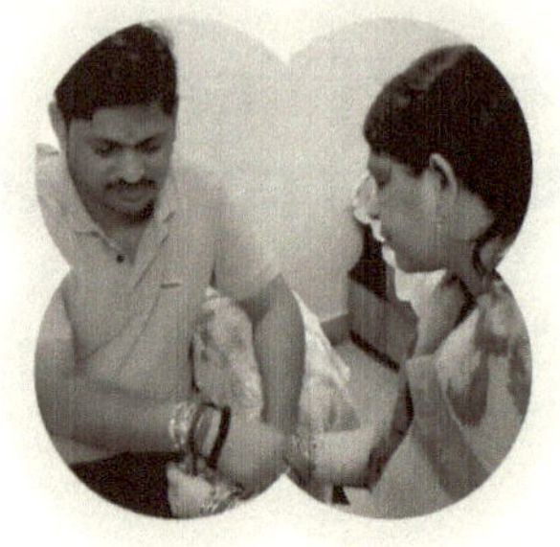

बीनू सिंह
लखनऊ (उत्तर प्रदेश)

प्यारा बंधन

प्रेम भरा ये बंधन प्यारा
राखी का त्यौहार है न्यारा,

हर सावन में आती राखी
भाई-बहन को मिलवाती राखी,

राखी रोली और मिठाई से
थाली को खूब सजाई,

शुभ नक्षत्र में बांधी राखी
बहना भाई की बलईयां लेती,

भाई बहन से करता वादा
हर संकट में खड़ा रहूंगा,

दुख कभी आने ना दूंगा
बेझिझक तुम सब कुछ कहना,

कभी तुम संकोच न करना बहना ,
भाई हूं तेरा मैं प्यारा,

इस रिश्ते को करना मजबूत
हम दोनों करते ये वादा प्यारा।।

रत्ना बापुली
लखनऊ (उत्तर प्रदेश)

भातृविहिन बहन

भातृविहिना इस बहन की मन का निर्मल प्यार ।
बड़ी खुशी से मनाती है राखी का त्यौहार ।
भाई नही है तो क्या यह भाईयो भरा संसार ।
मानो तो सभी भाई हैं, न मानो तो सब बेकार ।

सबसे पहला राखी मै बॉधती प्रभु के हाथ।
जिसने दिया मुझे यह जीवन भावो के साथ।
इसी भाव से राखी बनाकर प्रेषित करती सबको,
मन का नेह द्वार है भरता, अभाव न खलता मुझको ।

न कोई छोटा, न कोई बड़ा संसार मे तुम जानो,
सब कोई अपना है गर ,उर की धड़कन पहचानो ।
सभी को राखी बॉधती मै जो आता मेरे द्वार।
सबका स्नेह मुझे है मिलता, भर जाता अगार।

जीवन जल की नैया मे बस नेह है पतवार ।
सभी हाथ थामेंगे, कर तो लो बस प्यार ।
इस पावन प्रीत के आगे, सब कुछ है बेकार।
एक बार सबको प्यार करो तो पा जाओ संसार ।

डॉ० कृष्ण कुमार द्विवेदी
नागपुर (महाराष्ट्र)

कब आओगे घर भईया

जब से भईया गए परदेश
आया नही कोई संदेश
ना चिठ्ठी ना खबर पठाए
ना कोई अपना पता बताए
कब आओगे घर भईया ।।

भाभी राह रोज ताकती
कर भईया का इंतजार
आस लगाए खड़ी है द्वारे
कब होय सजन दीदार
कब आओगे घर भईया ।।

बरखा बैरन हुई बाउरी
रुकने का ना नाम लेती
घर का छप्पर टूट गया
और डूब गई सब खेती
कब आओगे घर भईया ।।

बूढ़े मां बाप के चेहरे पर
चिंता की लकीरें छाई हैं
जीना भी मुहाल हुआ अब
दु ख की बदली छाई है
कब आओगे घर भईया ।।

रोकर मां अब कहती है
क्यू रूठ गया है बेटा
मां बेटे का रिश्ता अब
क्यू अब छूट है बेटा
कब आओगे घर भईया ।।

मेरी रखी पूछ रही है
इस राखी के त्योहार में
क्या कोई कमी आ गई
भाई बहन के प्यार में
कब आओगे घर भईया ।।

रखी के इस त्योहार पे
देश की कितनी बहने
पूछ रही है भाई से
कब निकलेगा देश हमारा
निर्धनता की खाई से
कब आओगे घर भईया

एस. के. "रूप"
बैकुंठपुर, कोरिया (छत्तीसगढ़)

वो बहन ही होती है

बहन कभी हंसाती है
और कभी रुलाती है
बड़ी खूब दुलार करती है
छोटी कन्धे में खेला करती है
बहन जो अपने भाई पर
प्राथमिक हक जताती है
जो बिना किसी कारण के
भाई पर सर्वस्व ही लुटाती है
चाहे पास हो या दूर
भाई के करीब ही रहती है
उसकी गलतियों में सबसे पहले
ताड़ती मारती गुरु बन सीखाती है
अगर खुद गलती कर बैठे
तो झट से वो झुक जाती है
भाई की हर छोटी जरूरतों
को जो पूरा ही करती है
वो बहन ही होती है
बहन बहन ही होती है
सबसे पवित्र बंधन जो
इस रिश्ते को रक्षा सूत्र में
बांधे रखता है आजीवन
भाई की ढाल बनकर
सदैव खड़े जो रहती है

सुकोमल काया धरे पर
वीरांगनाओ सी डटकर
समर भूमि में लड़ती है
वो बहन ही होती है
बहन बहन ही होती है।।

नंदन पंडित
गजाधरपुर, गोण्डा (उत्तर प्रदेश)

भूल न जाना बहन को

राखी का अभिप्राय है, प्रेम और विश्वास।
भ्रात-स्वसा के प्यार में, घोले और मिठास।
घोले और मिठास, दिलाये दोनों को सुधि।
जन्में हैं इक कोख, एक ही माँ ने दी बुधि।
खेले आँगन उसी, स्वाद 'नंदन' इक चाखी।
सम्बंधों की डोर, सुदृढ़ बनाती राखी।।

माता की गोदी चढ़े, किये वही तन पान।
दादा की अँगुली पकड़, हम सब हुए सयान।
हम सब हुए सयान , बाप ने एक दुलारा।
पढ़े एक चटसार, बालपन साथ गुजारा।
तुम्हें मनाती मैं, 'नंदन' तु मुझे मनाता।
राखी में पितुगृह, याद आते पितु माता।।

भूल न जाना बहन को, राखी कहे पुकार।
बहन पराई अब हुई, कर ना सके दुलार।
कर ना सके दुलार, रूठना नहि तुम भइया।
बहनें हैं मजबूर, बँधी खूंटे से गइया।
आँख छुपाये घटा, हृदय में 'नंदन' शूल।
मैं तो पर आधीन, भाई मत जाना भूल।।

अबकी राखी में हमें, भैया दो उपहार।
बहनों के संग में कभी, हो ना अत्याचार।
हो ना अत्याचार, लुटे नहि इनकी डोली।
फिर से भरे बजार, लगे ना तन की बोली।
उदर अबोली जान, कहे रक्षा करो सबकी।
'नंदन' मांगे मोल, बहन राखी में अबकी।।

राजेन्द्र प्रसाद 'राजेन'
खिरी, ईचागढ़ (झारखंड)

नहीं है मेरी बहना

नब्बे की दशक का याददाश्त, रहा ऋणी
जब मैं कॉलेज का था , एक विद्यार्थी।
रक्षाबंधन का था, पवित्र दिन की स्मृति,
दायें हाथ का कलाई ,बिल्कुल था खाली।

मेरे शहर के, शहीद भगत सिंह चौक पर,
खटिया में राखी सजा, बेच रही एक बहन।
बड़ी प्यार से, भैया सम्बंधित कर बुलायी,
पहले हाथ में, बांध दी एक अमूल्य राखी।

फिर बोली भैया ,आप राखी नहीं बांधे,
सहम के मैं बोला , नहीं है मेरी बहना।
सुनकर रहीं दंग, फिर बोली मैं हूं ना,
उपहार स्वरूप, कुछ नगद देना चाहा।

मना करके बोली ,भैया रहने दो ना,
राखी का कीमत भी लेना नहीं चाही।
मैं कुछ बोल नहीं पाया, रहा गया मौन,
अब नहीं हुआ, फिर दोबारा कभी भेंट।

जब भी आता वह ,पवित्र दिन राखी का,
याद हो जाता है ,वह नन्ही सी बहना।
चौक पर पहुंचते ही,घुमने लगते नजरें,
लेकिन अब तक है, वे नज़र से ओझल।

शकुन शेंडे संघर्ष
बचेली (छत्तीसगढ़)

इतराती राखियाँ

शान से कलाइयों में इतराती हैं राखियाँ।
भाई बहन का अटूट बंधन निभाती है राखियाँ।
रंग-बिरंगी, रेशमी, नाजुक धागों से बनी।
बहन के कई नाज नखरे उठाती हैं राखियां।
स्नेह ममता वात्सल्य औ पवित्रता से पगी।
रूह की गहराइयों में लहराती है राखियां।।
जिनके नही भाई या बहन कोई भी सखी।
आँखो में आँसु बन के बहलाती हैं राखियां
मज़हबों से अलाहिदा पहचान है इनकी।
नफरतों से दूर नज़र आती हैं राखियां।।
रंज़-ओ-ग़म गिले- शिकवे चाहे हों उम्र भर।
भाई बहन के फासले मिटाती हैं राखियां।।
क्या हुआ गर परदेश हैं भाई- बहन मजबूर।
सात समन्दर पार भी तैर आती हैं राखियां।।
द्वेश- बैर दुश्मनी ये हैं सियासत के मसले।
सरहदों तक 'सदा, 'शकुन, लगाती हैं राखियां।।

महेश मीना
कुठार, भोपाल (मध्यप्रदेश)

बहन के प्यारे

सावन का त्यौहार हैं आया,
खुशियाँ अपार हैं लाया ॥
बहन भाई का प्यार है आया,
दुलार बहुत है लाया॥

रंग बिरंगी राखियों से ,
तेरी कलाई सजाऊं॥
जंग में ऊँचा नाम रहे,
तेरे ऐसा तिलक लगाऊं॥

हजारों जीवन तुझ पर भईया,
जाऊं   मैं   बलहारी॥
हल्दी चंदन पुष्प की माला,
करूं आरती थारी॥

धन माँगू न दौलत माँगू,
न माँगू महल खजाना॥
प्यार हमेशा अमर रहे,
तेरा मांगू यहीं खजाना॥

सुखी रहे परिवार हमारा,
पड़े न दुख की छाया॥

थाली भर-भर मोती लुटाऊ,
दिन खुशियों का आया॥

माँ के दुलारे बहन के प्यारे,
आओ मेरे भईया॥
युग युग मेरे भाई जियो,
अमर रहो मेरे भईया॥

पुष्पा पाण्डेय
राँची (झारखंड)

नेह से लिपटे बंधन

बंधन तो यह नेह भरा है,
त्योहारों में यह प्यारा है।
सिर्फ नहीं यह डोरी होती,
दुआओं की पोटली होती।

बलाओं से दूर ही रखती,
संग्रामों में विजयी करती।
देव भूमि से चल कर आई,
धरती पर बहना अपनाई।।

भाई से नैहर रहता है,
जीवन भर बन्धन रहता है।
माँ-बाबा की याद सताती,
भाई से पूरी हो पाती।

मोल नहीं इसका है कोई,
महिमा इसकी कभी न खोई।
त्योहारों में सात्विक माना,
शास्त्रों से पंडित ने जाना।।

रूप भले ही बदला इसका,
भाव वही दिल में है सबका।

रंग-विरंगे रेशम धागे,
बाजारों में सबसे आगे।।

कुछ बहना तो निज हाथों से,
रचती है रेशम धागों से।
बड़े प्रेम से बनते हैं यह,
नेह से लिपटे होते हैं यह।।

माधुरी चित्राँशी "मधु"
दिल्ली

प्यार के रेशमी धागे

अनगिनत त्योहारों से संचित हमारे सनातन धर्म में...
श्रावण पूर्णिमा का त्योहार ही सबसे न्यारा है...
भाई बहन के अतुल अनुपम प्यार को इस दिन....
चन्द धागों में निहित कर के स्नेह से संवारा है...
हर पल मान मनुहार करने और लड़ने झगड़ने वाले...
भाई बहन यूँ तो ज़ानी दुश्मन नज़र आते हैं...
पर दिलमें अक्षुन्य अमर प्यार संजोकर रखते हैं...
मौके पर एक दूसरे के लिए ज़ान भी निछावर करते हैं...
कहने को तो गोटेसितारे से सजा धागा
महज है ये...
पर प्यार बलिदान की अनुपम शक्ति भक्ति कौशल...
अपने आप में कूटकूट कर संजो कर रखता है
दोस्त हो या दुश्मन सबपर भारी पड़ता
है ये....
इन स्नेह सिंचित धागों में इतनी शक्ति निहित है कि...
बहन के एक आह्वान पर ही चाहे वीर राजपूत हो या...
विधर्मी सुल्तान हो रंक या खुद ईश्वर
ही क्यों न हो...
बहन की एक पुकार पर दौड़े चले ही आते हैं...
भाईके भाल पर चन्दन रोली का लाल
सुशोभित टीका...
कलाई में बँधी रंग बिरंगी तितलियों फूलों जैसी...
प्यार के रेशमी धागे से बनी सजी-- सँवरी राखी...
भाई के बहन पर अटूट विश्वास और भरोसा....
तथा बहन के भाई पर मूक अटूट प्यार की निशानी है...
धन्य है ये पावन धरती और हमारा धर्म देश महान...
जहाँ मनुष्य के एक एक आपसी सम्बन्धों को...
विशेष स्नेहभाव धर्म और श्रद्धा से भरकर...
अति पवित्र भक्ति से पूरित हृदय से मनाया जाता है...।।

उर्मिला तिवारी
देवरिया (उत्तर प्रदेश)

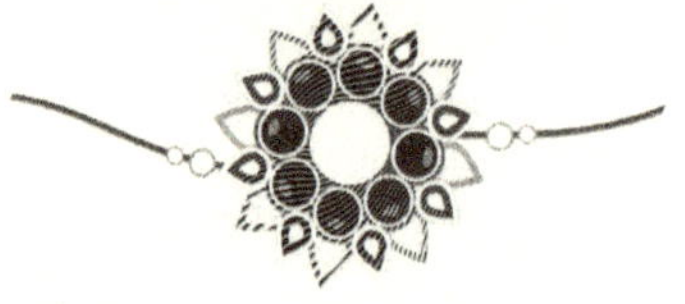

पवित्र बंधन

भाई बहन का पवित्र बंधन
बंध जाता एक धागे में..!
बहन के प्रति भाई का अनुराग
सिमटता एक धागे में..!
रेशम की डोरी में
निहित होती .कामना, शुभेच्छा, भाईयों को. !
अंत:करण में गुंजती
भाईयों की हंसी-ठिठोली.!
नम आँखों को छुपा
सहेजती अधरों पर मुस्कराहट.!
कैद कर लेती वो हर लम्हा
जहाँ भाई -बहन एक दूसरे बिना हैं अधुरे!
थामती रेशम की डोर
करती प्रतिज्ञा अनुपम धरा से!
भाई हो सर्वत्र विजेता
कामना हृदय की लय में!
हो निर्भय जगजीत भ्राता
हो यशस्वी,देदीप्यमान
देकर प्यारा सा उपहार
बरसाता बहन पे अतुल्य स्नेह.!
करता प्रतीज्ञा मन की गहराइयों से..
हर पल महफूज करता
गम की परछाईयाँ से.!
खुशियाँ हर सुबह की हो
या हो गम में डूबी शाम..!
हाज़िर होता वरदहस्त बन
जब भी बहन पुकारे नाम!

नीरज वर्मा "रत्नगीनालय"
हीनू, रॉची (झारखंड)

अटूट प्रेम का प्रतीक

ये जो रक्षा बंधन का त्योहार है ,
भाई बहन का प्यार है ।
अटूट प्रेम का प्रतीक है ,
सबसे निराला जग में सच्चा
प्रीत का धागा बहन के स्नेह
में बँधा हुआ पवित्र रिश्ता है ।
नन्हा भाई प्यारी बहना
दोनों एक दूसरे का गहना ।
मधुरिम गीत सुनाती सावन
रक्षा बंधन का त्योहार मनभावन ।
मेघों का ढोल पर चमकती बिजली
रिमझिम बरसात की झड़ी
लगाकर।
इन्द्रधनुषी राखी पहनाती ,
तिलक लगा कर वलैया लेती ।
अनमोल वायदा फिर करवाती
राखी के बदले रक्षा की ।
ढेर सारी फिर मिठाइयां खिलाती ।
भाई की कलाई बहन की राखी
जिसकी तस्वीर मन में
क़ैद हो जाती है ।
खुद से ज़्यादा प्यार करूँ मैं
अपनी जान न्योछावर करूँ मैं ।

कच्चे धागे को कमजोर ना समझना
ये बहुत ही मज़बूत कड़ियाँ है ।
भाई पास रहें या दूर
मन से आशिष सदा निकलतीं है ।
भाई का जीवन ख़ुशियों से भरा रहें
रंग- बिरंगी धागों की तरहा ।
बहनें तो होती ही है प्यारी सी
इनके बिना भाईयों की कलाई है
सुनी सी ।
भाई बहन का प्यार है ,
खुशियों का उपहार है ।
कच्चे धागों का ये बंधन
बंधा रहे यूँ ही युगों युगों तक ।

राजीव कुमार झा
बड़हिया, लखीसराय (बिहार)

सच्चा प्रेम का प्रतीक

इस दुनिया में
सबसे
सच्चा रिश्ता
भाई - बहन का
होता
हरेक साल
सावन में
राखी का त्योहार
प्रेम का बीज
इस रिश्ते में
बोता
सावन में जब
झमाझम बारिश
आंगन में
होती
बहना
पूर्णिमा के दिन
बेहद खुश होकर
तब कहती
प्यारे भाई !
कभी किसी दिन
भूल न जाना
मुझको
इसी बात पर
प्यारे
आज कलाई पर

सुंदर राखी
बांधू तुमको
राखी के दिन
बहना भाई को
माथे पर
तिलक लगाती
गर घर से
वह बाहर रहती
तब भाई को
राखी भेजकर
अपने मन का
पावन प्रेम
जताती
आज के दिन
घर पर बहना
भाई को
अपने हाथों से
मिठाई खूब
खिलाती
गीत सुनाती
जीवन की
नदिया में
भाई - बहन के
प्रेम का जल
कलकल
बहता रहता

विद्या भंडारी
कोलकाता (पश्चिम बंगाल)

बांधो रेशमी धागा

बहना, कलाई पर बांधो
अपनी कोमल उँगलियों
की पोरों से रेशमी धागा।
लिफाफे में बंद धागे में
तुम्हारी उँगलियों की छुअन
के प्यार का नहीं होता एहसास ।
जिसमें भीनी-भीनी प्यार की खुशबू
मेरे तुम्हारे प्यार को विस्तार देती है।
और मै बन जाता हूँ आकाश ।
तुम्हारे फूल से हाथो से जब
रसगुल्ला मुँह में घुलता है
तब मेरा रोम-रोम रसगुल्ला हो जाता है।
तुम्हारे मीठी वाणी से
जब झरता है भैया शब्द ,
हृदय में बजने लगते हैं सातसुर।
तुम्हारे स्नेह भरे मोती से अक्षरो में भरा रहता अक्षत प्यार
किन्तु आंखो से झरता प्यार
मुझे भीतर भिगो-भिगो देता है।
तुम्हारी शुभकामनायें बना देती है एक ऐसा शुभ द्वार
जो हर कदम पर बना देता है
वंदनवार।
रक्त संबंध मुझे हर पल
याद दिलाता है
तुम्हारी रक्षा का भाव।
प्रतीक्षा कर रही मेरी कलई
तुम्हारे कोमल हाथो की छुअन की।

गौरव कर्ण
गुरुग्राम (हरियाणा)

बंधन दिलों का

भाई बहन में प्यार अलग है
रक्षा बंधन का त्योहार ग़ज़ब है
साल में आता एक बार है
रहता इसका इंतजार अलग है

धागा नहीं ये है बंधन दिलों का
बंधन है लड़ते झगड़ते रिश्तों का
भाई बहन का लाड अलग है
रहता इसका इंतजार अलग है

धागे की तुझे मान है रखना
रक्षा बहन का तुझे है करना
एक दूजे का ख्याल अलग है
रहता इसका इंतजार अलग है

बांधो तभी जब रक्षा करे भाई
आंखों में बहन के वो आंसू ना देखे
आवाज पे बहन के भाई सजग है
रहता इसका इंतजार अलग है

"बांधा है धागा बहन ने तुझको
हरदम रक्षा करने को
कराया मुह मीठा बहन ने तुझको
रिस्तों में मिठास रखने को"

अंजू सक्सेना
दिल्ली

आया त्योहार राखी का

आया राखी का त्योहार
सावन -भादों का उपहार
वर्ष के सारे सुंदर सपने
सजने को तैयार

झूले पड़ गये डाल -डाल पर
महके मेंहदी हर इक हाथ पर
सखियों की प्यारी वो ठिठोली
हँसती सभी वो हर इक बात पर

नए -नए कपड़ों की फिर से
होने लगी है फ़रमाइश
बहना बोली भैया से यूँ
नया होगा मेरा इस्टाइल

भैया भी बोला बहना से
थोड़ी मिठाई न लूँगा
चाकलेट का डिब्बा पूरा
खुद मैं ही खा लूँगा

प्यारी सी छीना -झपटी
फिर होगी सारे घर मे

आगे बहना,कभी हो भैया
दोड़ें घर आँगन मे

टिका करके राखी बाँधे
भैया को स्नेह धागे से बाँधे
अनूठे प्रेम का यह त्योहार
आया राखी का

अनिता दीपक शर्मा
खंडेलवाल नगर, इंदौर (मध्यप्रदेश)

राखी सा त्योहार न दूजा

ममता सी मनुहार कर
भाई बुलाए राखी पर.....
पहुँचे न जब तक पूछें बार -बार
कब आओगी बहना इस बार
राखी नारियल लिए थाल सजाकर
पहुँची बहिना   मिठाईयाँ लेकर
शुभ मंगल कुंकुम में घोलकर
रेशम डोरा बांधा तिलक लगाकर
बलाएं ली और आरती उतारी
खुशियाँ बढ़ाई मिलकर राखी पर
ममता सी मनुहार कर....
भाई - बहन का रिश्ता अनोखा
राखी सा त्यौहार   न दूजा
दूर चाहे रहते हो   कितने
बन्धन निभाने को आतुर रहते
बरकत हो तुम घर की बहिना
हमेशा यूँ ही हँसती रहना
रेशम सा बहिन स्नेह बांधने
आना तुम हर राखी पर
ममता सी मनुहार कर...
भाई बुलाए राखी पर..।

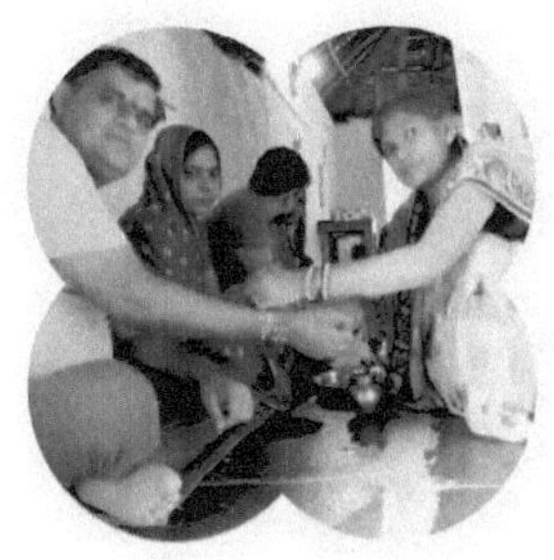

अनिता गौर
भोथीडीह, धमतरी (छत्तीसगढ़)

बहना करे याद

लाल,पीले ,हरे सुनहरे ,
रेशमी धागों की लड़ियां।
सजा थाल रोरी अक्षत से ,
बहना करे भाई को याद ।

इतिहास के स्वर्णिम पन्नों पर,
लिखी गई वीरो की दास्तान।
हुमायू ,सिकंदर ,पुरु ने ,
राखी के मर्यादा का किया
सम्मान ।

रंगोली द्वार सजाके,
भाई को आसन में बिठा के।
 सुंदर भाल पर तिलक लगाके,
मांगे लंबी उम्र का वरदान।

भाई बहन के पवित्र प्रेम का,
है यह पर्व महान ।
श्रवण मास के पूर्णिमा को ,
आए राखी का त्यौहार।

द्रौपदी ने कृष्ण की कलाई में,
बांधी थी आंचल का टुकड़ा
फाड़।
भरी सभा में आवाज लगाई,
भाई ने बचाई लाज ।

यही हमारी देव संस्कृति ,
भारत में है जिंदा आज ।
भाई बहन की रक्षा करने ,
लेते है प्रतिज्ञा आज ।

प्रबल पाण्डेय "जेवां"
शाहजहाँपुर (उत्तर प्रदेश)

बहना का प्रेम

सावन के प्यारे झूले जो हमको याद दिलाते हैं।
प्रीत के कच्चे धागे जो बहना का प्रेम दिखाते हैं।।
बहन भाई के खातिर ससुराल से भी आ जाती हैं।
ऐसी सारी पावन तिथियां मन में भी खूब समाती हैं।।
भाग्यशाली हो भाई हैं जो प्रेम बहन का पाए हैं।
बहनों का आशीर्वाद ईश्वर से भेंट में ले आए हैं।।
भाई के ही सुख के लिए बहन कष्ट से लड़ जाती हैं।
ऐसी सारी पावन तिथियां मन में भी खूब समाती हैं।।
कच्चे होते रेशम धागे मजबूत डोर बन जाते हैं।
मधुरिम स्नेहिल भावों से भाई राखी बंधवाते हैं।।
भाई बहना के रिश्ते के सप्रेम को जो दिखलाती है।
ऐसी सारी पावन तिथियां मन में भी खूब समाती हैं।।
बहन भाई के रिश्ते के सम नहीं है कोई रिश्ता होता।
कष्ट बहन को हो यदि थोड़ा तो दुख में है भाई रोता।।
भाई के सब सुखों में भी बहने ही खिल जाती हैं।
ऐसी सारी पावन तिथियां मन में भी खूब समाती है।।
बहना प्यारी तू मत रोना मांगू ईश्वर से यह वरदान।
तू छू ले यह आसमान भी रखे भाई तेरा अरमान।।
बहन भाई के सारे दुख को यह तिथियां भुलाती हैं।
ऐसी सारी पावन तिथियां मन में भी खूब समाती हैं।।

डॉ० राजलक्ष्मी शिवहरे
धनवन्तरी नगर, जबलपुर (मध्यप्रदेश)

जुग जुग जिये मेरा भाई

भाई-बहिन के प्रेम
में डूबा यह पावन बंधन।
याद दिलाने आता है
नहीं दूर हैं हम।
अक्षत रोली भैया
के माथे पर सज जाती है।
कलाई पर भैया के
राखी सज जाती है।
चाँद सा भैया पाकर
बहिना हर्षाती है।
मिठाई खिलाकर भैया को
वो कहती है--
जुग जुग जीये मेरा भैया
हमेशा खुशी रहे
उसके अंगना।
यहाँ हम साथ रहे
अब जाती हूँ ससुराल
पर रक्षाबंधन साथ मनाये
बस इतना याद रखना।
बहिना दूर भले कितनी।
पर प्रेम न होगा कम।

मेरे प्यारे भैया

भाई बहन का प्यार अनमोल
यह रिश्ता ऐसा प्यार के धागे जैसा।
निर्विकार निश्चल अबोधबालक जैसा।
सदा निर्मल गंगा जल जैसा भाई बहन का प्यारा रिश्ता।

प्रीत की डोरी धामी है भैया
साथ निभाना प्यारे भैया
हृदय में प्रेम आगाघ्र भरा है।
रिश्तो का संसार हरा है।
सदा निभाए प्रेम का नाता भाई-बहन का सुंदर रिश्ता।

तुझे देख हर्षित होती हूं
तेरे लिए दुआएं करती हूं
राखी के धागों के जैसा कोमल प्यारा मेरा रिश्ता।
भाई बहन का अनमोल यह रिश्ता।

नजर लगे ना हमारी जोड़ी को।
भाई के मुख पर भी ढिंढोना करती।
नजर उतारु आरती करूं
अपने भाई को हृदय में रखती।
भाई बहन का न्यारा रिश्ता।

राखी के धागों जैसा
पवित्र रहे यह रिश्ता हमारा
भाई बहन का प्यार निराला।
जुग-जुग जियो मेरे प्यारे भैया
भर भर आशीष देती बहना।

उषा कंसल
बेंगलुरु

सूक्ष्म डोर का पवित्र बंधन

सबसे बड़े मित्र होते हैं, भाई-बहन इस जग में।
झूठ- मूठ के शत्रु भी, बस यही हो सकते।
राखी के दिन, प्रेम बहुत उमड़ा रहता है।
प्रतीक्षा रहती दोनों को, इस पावन दिन की।
पूरा बाजार खंगाल, सर्वोत्तम राखी लाती।
भाई भी क्यों पीछे रहते ,इस प्रेम पर्व में।

देना चाहते हैं अनुपम उपहार, बहन को।
लंबी आयु की कामना करते दोनों, दोनों के लिए।
यूँ ही चमके ,दोनों चाहते हैं यह रिश्ता।
बहन बलाएँ लेती है, अपने भैया की।
बहन खुश रहे, भाई की सर्वोपरि कामना।
सूक्ष्म डोर से बंधा हुआ, यह पवित्र बंधन।

प्रेम तथा समर्पण का, अनुपम उदाहरण।
सारे घर से गुपचुप, उपहार खरीदता भैया।
बहन चाहती, सर्वश्रेष्ठ राखी मैं लाऊँ।
इस बंधन में गहरा नाता, गुँथा हुआ है।
मात्र साधारण डोर नहीं है, रक्षाबंधन
कितनी दिव्य उमंगें, मन में उछलने लगतीं।

आयु हो मेरे भाई की, अनंत काल तक।
सूनी न हो मेरी कलाई, बहन बिना कभी।
बंध जाती जो डोर, जन्म के संग हमारी।
गुम हो जाते हैं शरीर, रहता यह नाता।

नेहा चौरसिया
तिनसुकिया (असम)

ये त्योहार!

ये त्योहार है खुशहाली का
एक रेशम कि डोर का
एक रिश्ते के वजूद का
एक रिश्ता एहसास का
हर बहन कि लाड का
हर लड़की कि मान का
ये रिश्ता है पहचान का
ना छोड़े ना छुटे , ना तोड़े ना टुटे
एक प्यारा रिश्ता समर्पण का
एक रेशमी डोर से बन्धी ये रिश्ते कि गहराई
हर लड़की कि सुरक्षा और सम्मान का
ये रिश्ता है प्यार का
ये रिश्ता है साथ में मुस्कुराने का
किये वादे को निभाने का
ये धागा है भाई के सुरक्षा का प्रतिक
बहन के प्यार का अस्तित्व
युगों से चली आ रही इस प्रथा को कहते हैं राखी
जो लाती है संग खुशहाली
मौजूद है अभी भी यहाँ रिश्तो का वजूद
क्योंकि ये भारत देश है मेरा
जो बांध के रखता है सबको
एक रेशम के डोर कि तरह
जिसमे होती है सिर्फ और सिर्फ सच्चाई,
एकता, हिम्मत, विश्वास और अपनापन ।।

नवीन कुमार जैन
तिजारा, अलवर (राजस्थान)

क्या लिखूँ मैं ?

इश्क ही नही उनसे दोस्ती भी पुरानी है,
छोटी सी उम्र की ये सब नादानी है।
उनके ही साथ शैतानियों में गुजरा है बचपन,
जिनको आज भी याद कर खूबसूरत ये जिंदगानी है।
हम से ही पूछते है बिछड़कर हमारा हाल,
जैसे खुद का जिगर तो किसी पत्थर के निशानी है।
कभी वक्त नही कटता था जिनके बिना,
आज भी हम अकेले है ये उनकी ही मेहरबानी है
कभी जमीं तो कभी आकाश को देखते है,
तुझको खो देने के बाद खुद को आईने में बेबस व लाचार देखते है।
शिकायतें तो बहुत सी है तुमसे पर तुम कहीं मिलों तो सही,
तेरे जाने के बाद अपने ही दिल से अपना कसूर बार -बार पूछते है।
रात बहुत हो चुकी और क्या कुछ लिखूं मैं,
हर बात में चांद तारों से अपनी खता पूछते है।

पुष्पा बुकलसरिया प्रीत
डिब्रूगढ (असम)

राखी बांधें

आओ हम सब खुशियां मनाएं
देश भक्ति के गीत हम गाएं।
जन जन में देश प्रेम जगाएं।
आओ हम सब खुशियां बांटे।

कृष्ण के संग झूला झूलें।
रास रचाएं सब दुख भूलें।
हम भी झूलें राधा भी झूले।
आओ हम सब खुशियां बांटें।

भैया भाभी को राखी बांधें
पीहर में सबको राखी बांधें
अपने प्यार में सभी को बांधें
आओ हम सब खुशियां बांटें।

नए नए कपड़े मिलेंगे।
नए नए गहने . मिलेंगे।
बहुत सारे उपहार मिलेंगे।
बड़ों के आशीर्वाद मिलेंगे।
इसलिए,
आओ हम सब खुशियां मनाएँ

बारिश का आनंद उठाएं।
गर्मी को हम दूर भगाएं।
नाचते हुए मोर को देखें।
आओ हम सब खुशियां मनाएं।

कुमुद श्रीवास्तव
उल्हास नगर (मुम्बई)

अनूठा प्यारा रिश्ता

हदय में है स्नेह बसा
होंठो पे है शब्द नही।
यह भाई बहन का रिश्ता
अनमोल से कम नही।

तकरार भी होती इनमे
पर प्यार थोडा़ भी कम नही।
सुबह को लड़ झगड़ रहे थे
और शाम ढले हो जाये एक।

बचपन बीता साथ साथ
संग सगं खेले बड़े हुए।
खेल खिलौने इनके साझा थे
किस्से अलबेले इनके कम ना थे।

समय बीता जब दूर हुए
पर यह दूरी मन की नही।
दौड़े दौड़े मिलने आते
एक दूसरे बिन चैन नही।

यह अनूठा प्यारा रिश्ता है
यह भाई बहन का रिश्ता है।
यह प्यार का बधंन है
नहीं ऐसा कोई रिश्ता है।

राजेश साँवलिया
इंदौर (मध्यप्रदेश)

जिस कलाई बंध जाये राखी

यम को बांधे राखी यमुना,
यम को मौत नहीं आती।
जिस कलाई, पर बंध जाये राखी,
फिर उनको चोट नहीं आती।।

सुदर्शन से जब कट गयी अंगुली,
दुनिया के रखवाले की।
द्रौपती ने फाड़के चुनरी बाँधी,
दुनिया का मन मोहने वाले की।।

भरी सभा में किया था नग्न,
पापियो की टोली ने।
लाज बचाने आए थे मोहन,
लेकर वस्त्र झोली में।।

रानी कर्णावती की राखी,
हुमायूँ तक जब पहुँची।
बहन को ख़तरे में देखकर,
रण में सेना उसकी आ पहुँची।।

फ़र्ज़ निभाया था भाई का,
ओर बहन की लाज बचाई थी।

रेशम के धागे की शक्ति,
एक बहन ने बतलाई थी।।

बहने तो भाइयों को,
दुआए दे जाती है।
रेशम के धागे को बाँध के,
मन की बातें कह जाती है।

राकेश सिंह शिशौदिया
किच्छा, ऊधमसिंहनगर (उत्तराखंड)

अभिनन्दन!

अभिनन्दन!
अभिनन्दन!
जिसमें करते हैं
भाई - बहन
एक - दूसरे का
बड़े प्रेम से
अभिनन्दन!
उस पर्व को
कहते है सभी
रक्षा - बन्धन
बाँध के भाई की कलाई में
प्रेम की कच्ची डोर और
लगाकर मस्तक पर चन्दन
एक - दूसरे का करते हैं
निस्वार्थ और सहज
अभिनन्दन!
ऐसा होता है
यह अनूठा मिलन
कहते है सभी जिसको
रक्षा - बन्धन

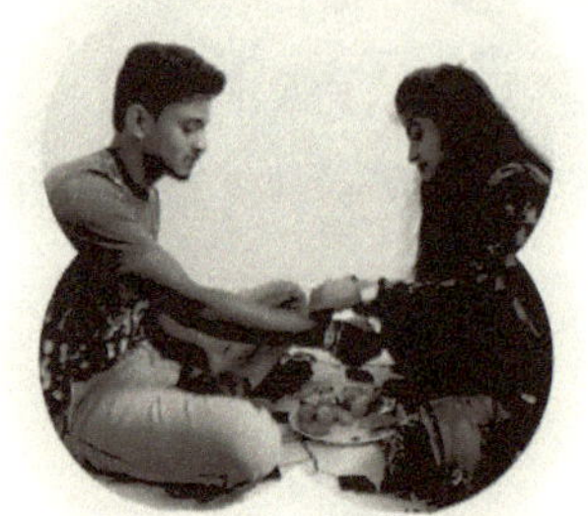

शेख अलीशा
बैकुंठपुर, कोरिया (छत्तीसगढ़)

पिता तुल्य मेरा कवच भाई

हम शान है,अपने पिता की
हम अभिमान है, अपने माता की
हम हिम्मत है, अपने भाइयों की
हम गौरव है, अपने कुटुंब की।।

हमसे ही पूर्ण परिवार है
हमसे ही तो घर बार है
हम पर भाइयों का हांथ है
हम पर स्नेह भी अपार है।।

रक्षा करने का वचन दिया है
पग पग मेरा कवच बना है
बड़ा पिता के तुल्य हुआ है
छोटा पुत्र सा प्रिय हुआ है।।

सावन मास की पूर्णिमा आई
सोंधी खुशबू धरती हरियाई
उपवन वन सब है आह्लादित
रक्षाबंधन पावन पर्व प्रमुदित।।

रामजीमल शिक्षाविद्
आंवला, बरेली (उत्तर प्रदेश)

प्यार भाई बहन का

पूनम सावन मास
पर्व राखी का है यह खास।
प्यार भाई बहन का
कितनी खुश हैं बहिना प्यारी।
लाई चुन चुन कर राखी न्यारी।
मन में है उल्लास
सीध्र पहुंची भईया के पास।
प्यार भाई बहन का
थाल सजा के राखी लाई।
रोली चावल और मिठाई।
मन में कब से लगी आस।
टूटे न अभिलाष। प्यार भाई बहन का
आसन दें भाई बिठाया।
उसने अपना हाथ बढ़ाया।
बांधी राखी है उल्लास।
प्रेम का है आभास। प्यार भाई बहन का
तिलक किया मिष्टान्न खिलाया।
बहिना ने मन बाछित पाया।
रक्षा बंधन प्रेम प्रकाश।
राम कटुता का विनाश
प्यार भाई बहन का

डॉ० जयन्ती कुमारी "सरोज"
जमुनिया, भागलपुर (बिहार)

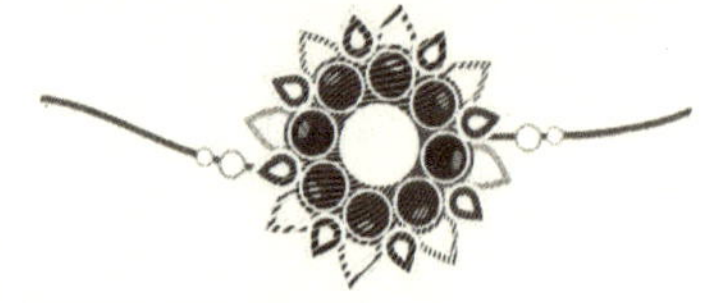

अटूट प्रेम का रेशम धागा

राखी बंधन
ये राखी बंधन है ऐसा,
जैसे धरती और गगन का,
मधुर स्नेह भाई और बहन का,
रेशम धागा बांधा कलाई भाई का,
अखण्ड आशीष बंधन है ऐसा।
राग-रागिनी भाई,-बहन का
प्रेम,- दुलार प्यारा भाई का,
अमर आयु रहे मेरे भाई का,
अमर बंधन बंधा रहे ऐसा।
मृदुल स्नेह पावन -पर्व का,
प्रतिक्षा करती हर बहन भाई का
रेशमी बंधन बांध बनने स्नेह का,
अटूट प्रेम रेशम धागा है ऐसा।।

माधुरी निगम
इंदौर (मध्य प्रदेश)

सावन का उपहार ये त्योहार

सावन की रिमझिम फुहार सखियों की मनुहार ।
सावन का सलोना उपहार रक्षा बंधन का त्योहार ।
दादू की चिट्ठी ससुर जी के आदेश का इंतज़ार ।
चिट्ठी में लिपटी मायके की स्नेहिल महक।
चंचल गौरी का मनवा ख़ुशी से चहक चहक ।
द्वारे की ओट से झाँक रही है बहुरिया ।
अबके बरस भैया को बाँधुगी रखियाँ ।
अम्मा के हाथों की बेसन की बर्फ़ी ।
आँगन में दादू बैठे है लगा कर के कुर्सी
सखियों से होगी वो कट्टी वो मिठ्ठी ।
वो झूले की पींगें कंचे वो छुपा छाई ।
छोटी छोटी बातों में भैया से लड़ाई ।
भाभी की बातें जैसे ठंडी ठंडी पुरवाई
अमिया चुराना जामुन जैसे मिश्री की डलीयाँ
नदियाँ किनारे सखियों संग करूँ अठखेलियाँ ।
साजन की बातें सखियों को सुनाना ।
बातों ही बातों में अँखियो में शरमाना ।
भैया को बाँधी है ! रक्षा की रेशमी डोर।
ससुराल से बाँधी है ! जनम भर की डोर।

सोनल पंवार
उदयपुर (राजस्थान)

रेशमी बन्धन

प्यार का है ये रेशमी बन्धन,
रेशम के सच्चे धागों से बुना,
भाई-बहन का रिश्ता ये पावन,
अटूट प्रेम का प्रतीक ईश्वर ने चुना।

सजा कर थाली कुमकुम, अक्षत, रोली संग
भाई के लिए खुशियों और दुआओं की,
बहना ने बांधी भाई की कलाई पर
रेशम की स्नेहिल सतरंगी राखी की डोरी,
इस प्रेम और विश्वास की पावन डोरी से बंधे
भाई ने भी देकर वचन बहना की रक्षा की,
अपने फर्ज़ और दायित्व का दिया प्रमाण
और महत्ता है बताई रक्षाबंधन के दिवस की।

भाई-बहिन के अटूट प्रेम का प्रतीक
रेशमी धागों से बंधा प्यारा ये बंधन,
विश्वास और स्नेह से रहे सराबोर सदा
पावन रिश्तों की रक्षा का ये बंधन।

यज्ञसेनी साहू
रायपुर (छत्तीसगढ़)

भैया मेरे!

प्यारे भैया हैं हमारे ।
हैं मां के आंखो के तारे।।
बहुत प्यारी है रेशम की डोरी ।
है ये रिश्तों के प्यार की तिजोरी ।।
प्यारा भैया मेरा ।
खुशियों से भरा हो जीवन तेरा।।
ये दुआ है हमारी।
सदा खुश रहो ताउम्र सारी ।।
जीवन में हो खुशियों की बहार।
हरा भरा रहे तेरा घर परिवार।।
फूलों की खुशबू से महके तेरा आंगन।
पवित्र पावन रहे सदा तुम्हारा मन।।
माता पिता भी हरदम चाहें ।
भाई बहन की एक हो राहें।।
जीवन की नैया सदा खुशियों से हो पार।
जीवन में मिले तुझे भरपूर प्यार।।
जीवन में खुशियों सा दामन भरा रहे छाई।
रक्षाबंधन की तुम्हें हो मेरे भैया बहुत बहुत बधाई।।

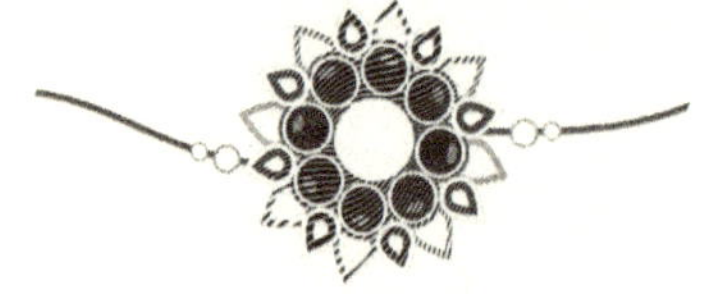

बबलु झा रौशन
लोहना, मधुबनी (बिहार)

मेरी बहना!

मधुमास की फुहार बन
मधुर गीत सुनाती हैं
बांध प्रीत के धागों में
रक्षा का त्यौहार मनाती है
मेरी बहना!
धूप दीप के थाल सजाकर
करती है हमें पूजा बंधन
भीगाकर स्नेह के बारिश में
माथे पर लगाती चंदन
वसुंधरा की शपथ है लेती
बांध जन्मो तक रक्षा के बंधन
करती है हमें अभिनंदन
मेरी बहना!
रेशम के धागों के संग
प्रेम भरी आशीष है लाती
अपनी प्यारी चंचल मन से
खुशियों की बहार लुटाती
इंद्रधनुष के रंगों में रंगकर
बनाती है रंगोली
उनके बिना घर है सुना
रहने से होती दिवाली,
मेरी बहना!

❖